अंकिता आनंद

अंकिता आनंद का जन्म 02 अगस्त, 1985 को बिहार के भागलपुर में हुआ। आरम्भिक पढ़ाई बिहार और झारखंड में हुई। अंग्रेज़ी साहित्य में उच्च शिक्षा दिल्ली विश्वविद्यालय के मिरांडा हाउस से प्राप्त की।

लेखन और पत्रकारिता अंग्रेज़ी और हिन्दी दोनों भाषाओं में करती हैं। उनकी रचनाएँ—*कथादेश, समयांतर, कृति बहुमत, जानकीपुल, समालोचन, हिन्दवी* और *सदानीरा* में छपती रही हैं।

कई अन्तर्राष्ट्रीय पुरस्कार और फेलोशिप प्राप्त कर चुकीं अंकिता 'द जेंडर बीट' की सह-सम्पादक हैं।

ई-मेल : anandankita2@gmail.com

अंकिता आनंद

अब मेरी बारी

राजकमल पेपरबैक्स

राजकमल पेपरबैक्स में
पहला संस्करण : 2024

राजकमल पेपरबैक्स : उत्कृष्ट साहित्य के जनसुलभ संस्करण

राजकमल प्रकाशन प्रा. लि.
1-बी, नेताजी सुभाष मार्ग, दरियागंज
नई दिल्ली-110 002
द्वारा प्रकाशित

शाखाएँ : अशोक राजपथ, साइंस कॉलेज के सामने, पटना-800 006
पहली मंजिल, दरबारी बिल्डिंग, महात्मा गांधी मार्ग, प्रयागराज-211 001
1, अनमोल सोराबजी संतुक लेन, धोबी तलाव, मरीन लाइंस, मुम्बई-400 002

वेबसाइट : www.rajkamalprakashan.com
ई-मेल : info@rajkamalprakashan.com

यश प्रिंटोग्राफिक्स
नोएडा-201 301 (उत्तर प्रदेश)
द्वारा मुद्रित

मूल्य : ₹199

AB MERI BARI
Poems by Ankita Anand

ISBN : 978-93-6086-135-3

मीकू (धैर्य राय) और
नाना (काशीनाथ राय) को

क्रम

प्रस्तावना 11

प्रेम

आवरण 17
अधपका 18
अदृश्य 19
अनुत्तरित 20
बेमेल 21
द्विविवाह 22
गतांक से आगे 23
जवाबतलबी 24
खाई 25
मंच-निर्देशन 26
नियम और शर्तें 28
समाधान 30
व्यतीत 32
बिसरा-बिछड़ा 33
आदत 35
आपदा में अवसर 36
लापता 37
मतलब 38

नज़रिया 39
सावधानी 40
ख़तरनाक 41
संरक्षण 42
सरसरी 43
तुम्हीं देवता हो 45
वफ़ादारी 46
ज़्यादा 47
आख़िरी ख़्वाहिश 48

पाठ

असंबद्ध 51
चाहिए 52
दुख की जगह 53
गंतव्य 54
हिम्मत 55
ईश्वर 56
जुगाड़ 57
खोज 59
प्रश्नावली 60
सामग्री 62
समय-समय की बात 63
सौदा 64
मृत घोषित 65
दूरदर्शी 66
ठगी 67
समझौता 68

पहचान

अब मेरी बारी 71
भले घर की लड़की 72
नहीं, मुझे भूख नहीं 74

धोखा 77
ध्वनि की गति 78
एक नई पेशकश 79
गौ राशि की कन्या 80
हस्तकला 81
जत्था 82
जीवेत शरद: शतम् 84
कुछ औरतें 86
मान अर्जन 89
मांडवली 92
महामृगनयनी 93
प्रतिकार 94
सबूत 96
स्पष्टीकरण 97
ज़माना बदल गया 99
रचना-पद्धति 102
सेवा में, आज़ाद औरतें 104
सुरक्षित 108
उदय-अस्त 110
उधर नहीं, इधर 111

परिवेश

आगे रास्ता बन्द है 115
अन्तर पहचानें 116
अवसरवाद 117
चाय पर चर्चा 118
द्रोण-दृष्टिकोण दोष 119
इधर-उधर की बात 120
जो तटस्थ हैं 121
क़लम और कूटनीति 122
कीटाणु 124
मैं और देश 125
मैनेजमेंट 126

मिस की चेतावनी 127
नेपथ्य 128
नेशनल कैपिटल टेरिटरी 130
निकास द्वार पीछे की ओर है 131
नॉर्मल 132
पहाड़-पेड़-पीठ 134
मल्टीप्लेक्स 135
नई खेती 136
अन्यमनस्क 137
पोस्टमार्टम 138
प्रकृति का सृजन 140
प्रत्यक्ष प्रमाण 141
सकारात्मक 142
विस्मरण 143
भला आदमी 145
दान 146
हिसाब बराबर 147
पीठ पीछे 148
तथ्य 149
यू.आई.डी? नो, नॉट माय आई.डी 150
उत्तर 152
आत्मीय 153
अकस्मात 154
बहाना 155
बूझो तो जानें 156
हड़ताल 157
कामयाबी 158
मक़ाम 159
नक़ली सिक्के 160

प्रस्तावना

अंकिता आनंद की ये कविताएँ इस अर्थ में अनूठी हैं कि अभिधा-लक्षणा-व्यंजना—तीनों शब्द-शक्तियाँ पूरे ठाट के साथ इनकी कविता में अपनी कुंडलिनी खोलती हुई उठती हैं और पाठक के मर्म पर प्रहार करती हैं। किताबों के बीच सुरक्षित बचपन बिताते हुए भी पारिवारिक संरचना की विडम्बनाएँ इन्होंने भाँपी थीं (सन्दर्भ—'औरतों को भूख नहीं लगती'), बाद में एक सजग स्ट्रीट-थियेटर कलाकार के आश्रय जो उन्होंने धुरीविहीन, स्वार्थांध राजनीति से पीड़ित जनजीवन की विडम्बनाएँ देखीं और एक हाइपरमैस्कुलिन समाज में प्रेम की विडम्बनाएँ ग़ौर से देखी-समझीं तो इससे उनकी कविताओं में एक अलग तरह की धार आई। विडम्बनाओं के मैक्रो फ़लक के सहज साक्ष्य के बाद अब इनकी कविताएँ माइक्रो फ़लक की ओर आने लगीं। अन्तर्वस्तु भेदतीं अब ये बढ़ीं तो टेलिस्कोप की तरह—बृहत् फ़लक एक बार झलकाकर धीरे-धीरे अपना फोकस सिकोड़ती हुई ये चलीं और दो लोगों के अन्तरंग संवाद पर या कभी-कभी एकालाप पर ही आ टिकीं।

अच्छी कविता 'तुमुल कोलाहल-कलह' के बीच 'हृदय की बात'-सी ही टिमकती है। विडम्बनाओं से घिरा हुआ व्यक्ति अभिमन्यु-जैसा अकेला तो हो ही जाता है। अंकिता की कविताएँ इस केन्द्रीय सत्य का भास्वर प्रमाण हैं कि संवेदनशील कवि का निचाट अकेलापन समदुखभोगी पाठक के निचाट अकेलेपन से जहाँ हाथ मिलाता है, वहीं अच्छी कविता का मर्म उजागर होता है, एक तरह की प्रत्यभिज्ञा घटती है और साफ़ प्रकट होता है कि स्मृतियों और सपनों की तरह भाषा भी हमारा साझा धन है, तब ही दिल से दिल तक राह जाती है।

स्त्री-स्मृति की बात की जाए तो पुरुष चेहरे की इतनी भयावह स्मृतियाँ हैं वहाँ कि कोई कोमलता से, सच्चे मन से भी गले लगाए तो पीछे से वे ही भूतों की तरह भाँति-भाँति की शक्लें बनाती हुई रस-भंग कर देती हैं। स्त्री-मन से यह भय जल्दी नहीं निकलता, इसलिए कोई प्रस्ताव वह जल्दी स्वीकार नहीं करतीं। प्रेम बीत जाने, रीत जाने के बाद की अवस्था में भी गले मिलती हुईं वे आँखें मूँद लेती हैं कि उसकी आँखों का निचाट अकेलापन किसी को दीख न जाए। स्त्री-आन्दोलन की सबसे बड़ी ख़ासियत है कि उसने कभी एक बूँद ख़ून नहीं बहाया। बस मनोवैज्ञानिक युद्ध लड़े—भाषिक तकनीक के सहारे। भाषा ही उसकी एकमात्र रणभूमि रही।

व्यंजना अपने पूरे ठाट में खिलकर भाषा की रणभूमि को लीलाभूमि में बदल देती है जहाँ, वे इस संग्रह की श्रेष्ठ कविताएँ हैं। जैसे—वे कविताएँ जहाँ एब्सेंटी लैंडलॉर्ड की तरह प्रेमी और ईश्वर को एक धरातल पर बिठाया है—

वह (ईश्वर)
हमें कई ग़लत आदतें सिखाता है;

जैसे
किसी से बातें करना
बिना ये जाने कि वह सुन भी रहा है या नहीं!

तो मेरा ख़याल है कि तुम होगे ही,
और शायद ईश्वर भी होगा कहीं-न-कहीं।

चाहिए
उधेड़ने की हिम्मत,
बुनने का शऊर
और एक अन्तहीन रात्रि की
असंख्य सम्भावनाएँ...

ओडिसी की पेनेलोपे के अन्तर्पाठ के सहारे हिन्दी के 'उधेड़-बुन' मुहावरे की व्याप्ति स्त्री के जीवन में क्या बनती है—यह इस कविता से पूछिए। 'दुख की जगह' तो और भी अनूठी है। हृदय के अतल में बैठा यहाँ गुरिल्ला तकनीक से प्रहार करता है जो कि दुख करता ही है। कभी किसी मीटिंग के बीच अचानक हूक की तरह उठता है, कभी 'हँसी की पीठ' से निकलकर धप्पा देता है। फिर भी वे उसे सामने बिठाकर पूछना चाहती हैं कि "कैसे हो?" बेचारे दुख से तो किसी ने हालचाल पूछा न होगा। ममतासुलभ विनोदवृत्ति की पराकाष्ठा है यह। दुख की बात ऐसे मज़े-मज़े में कहना इन्हें जॉन डन की बेटी बनाता है। कबीर, शेक्सपियर और जॉन डन का यह मेटॉफ़िज़िकल विट कुछ और भी महत्त्वपूर्ण स्त्री-कवियों की थाती रहा। जैसे—सिल्विया प्लैथ और ऐन सेक्सटन का। दर्द का हद से गुज़रना है दवा हो जाना। एक कारण और है इस विट का।

यह भेदभाव की सब संरचनाएँ काट देता है एक झटके में—क्या कॉस्मिक, क्या कॉमनप्लेस, क्या पर्सनल, क्या पॉलिटिकल। इस तरह समतुल्यता और समदर्शिता इसका कथ्य भी है, शिल्प भी। शिल्प में कथ्य प्रतिबिम्बित करती हुई ये कविताएँ दूर तक जाएँगी, ऐसा विश्वास है।

—अनामिका

प्रेम

आवरण

मैं ठीक नहीं समझती
कि तुम्हें ज़्यादा कुछ मालूम पड़े
इस बारे में कि तुमसे मुझे कहाँ, कैसे
और कितनी चोट लग सकती है।

डबडबाई आँखों से तुम्हें देखूँगी
जब मेरे होंठ जल जाएँगे,
और एक खिन्न सवाल करूँगी—
क्यों इतना गर्म प्याला मुझे थमा दिया,
जब तुम्हें पता है मैं चाय ठंडी पीती हूँ?

अधपका

अभी कैसे परोस दें?
सीझा भी नहीं है।

पर तुम भी तो ढीठ हो!
चढ़ने से पकने तक,
हर रंग देखना होता है तुम्हें।

अदृश्य

बहुत क़रीब से साफ़ दिखाई नहीं देता—
यह सुनकर कई बार कोशिश की
तुमसे दूर जाने की,
कुछ देर वहाँ साँस रोके बैठी रही,
फिर वापस आ गई।

मैं, या कोई और, किस तरह
यह कहे कि तुम्हें चश्मे की ज़रूरत है...
तुमने हमेशा धुँधला ही देखा है
और उसे ही साफ़ माना है।

कैसे तुम्हारी नज़र को मिलवाया जाए
एक साफ़ दृश्य से?

अनुत्तरित

पिछली गर्मियों में अगर
तुमने मेरे पसंदीदा प्रेमगीत ध्यान से सुन लिये होते
तो इस बारिश मेरे ज़ेहन में
उन किरदारों के चेहरे ख़ाली नहीं जाते।

बेमेल

मैं तुमसे—एक लड़के से—मिली
और तुम्हें चाहने लगी।

तुमने मुझसे प्यार किया
वह पुरुष बनकर
जो तुम्हें लगा—तुम्हें होना चाहिए।

बात नहीं बनी।

द्विविवाह

मैं तुम्हारे प्रेम में वफ़ादार नहीं
तुम अकेले नहीं हो
हर क्षण मेरे मन में उपस्थित।

हमने बात तो कर रखी थी
कि ऐसा कुछ हुआ
तो हम शांतिपूर्वक अपनी-अपनी राह चुन लेंगे।

पर अब तुम दोनों में से चुनने को कहो
तो ये भी सम्भव नहीं।

मैं तुम दोनों को अलग नहीं कर सकती
मेरे उतने ही क़रीब हो तुम दोनों,
तुम
और तुम्हारे ना होने का भय।

सो उस दूसरे के साथ जीने की आदत डाल लेना चाहती हूँ
नहीं चाहती कि उससे पीछा छुड़ाने की कोशिश में
तुम मुझसे छूट जाओ।

गतांक से आगे

जब हमारे सारे
"याद है जब..."
ख़त्म हो जाएँगे,
अपना बाक़ी बचा वक़्त
हम किस तरह बिताएँगे!

जवाबतलबी

लड़ना है तुमसे...

लड़े क्यों नहीं तुम मेरे लिए?

खाई

तुम्हारी आँखों में दिखते दर्द के रेशे
दग़ा देते हैं तुम्हारी हँसी के रेशम को,
और प्रश्नचिह्न लगाते हैं
हमारे प्यार पर।

मंच-निर्देशन

मैं चाहती हूँ तुम वाक्य की शुरुआत
"सुनो" से करो, जिससे साफ़ हो जाए
ये कहानी मेरे लिए है,
वैसे तो तुम दफ़्तर के जूनियर्स और पार्टियों में
कितना ही ज्ञान बाँच देते हो

उन लोगों से फ़र्क़ करने के लिए
मुझसे पूछो मेरे काम के बारे में बिना राय दिए,
मेरी मदद माँगो, और अपनी घबराहट का ख़ुलासा करो
लगेगा कि कुछ बात हुई हमारी,
कि सिर्फ़ बातें बनाकर नहीं चले गए तुम

हमारे मामूली मर जाने के डर से
कितने ही ख़याली महल बना डाले हमने
उधर इतने दिनों से टपकता नल
आहत नज़रों से मुझे बींधे जा रहा है
आज उसके लिए किसी को बुलाकर ही आते हैं

उसके बाद जाकर कुछ देर पार्क में बैठेंगे
फिर शायद तसल्ली हो
सब कुछ देख ही लिया हमने आख़िर
ज़िन्दगी यूँ ही हमारे हाथों से छूटती नहीं जा रही।

नियम और शर्तें

अगर तुम दोस्ती के लिए भी
गहरी आँखों की शर्त रखो
तो ये समझे रहना
बहुत सीढ़ियाँ उतर तुम पहुँचोगे
उसके घर तक

फिर वहाँ आकर
ऐसी कोई बेवकूफ़ी मत कर देना
कि "लाइट ऑन कर दें क्या?"
या "तुमने अँधेरा क्यों कर रखा है?"

बैठे रहना जैसे पूरी दुनिया में यही होता आया है
और जैसे तुम समझते हो कि अँधेरे में ही
लोग एक-दूसरे से बात करना सीखते हैं

फिर ये मत कहना, "कहीं बाहर चलें?"
भात और जल्दी में गरम पानी डाल बढ़ाई गई

पनसोर आलू की सब्ज़ी खा लेना
और सो जाना

घड़ी से मत गिनना सुबह होने तक के घंटे
जब वह वापस सीढ़ियाँ चढ़ ऊपर जाने लगे
तुम हल्के से दरवाज़ा भिड़ा
चुपचाप निकल आना

समाधान

यह निहायत चिन्ताजनक विषय है
इतना वक़्त होने को आया
और न मुझे तुमसे, न तुम्हें मुझसे
कभी कोई नाराज़गी हुई

मुझे कुरते के बटन टाँकने नहीं सिखाए गए
कि तुम्हारे क़रीब खड़ी
दाँतों से धागा तोड़ती
आँखों में झाँकती फिरूँ
समझने को तुम्हारे आशय
जिन्हें बतलाने की तुम ज़हमत न करोगे

न अपनी जान की बेपरवाही है
जो मलमल बन बिछ जाऊँ पैरों तले रौंदे जाने को
चुप रहकर सिर्फ़ एक आँसू ढलकने दूँ
कि फिर तुम रो दो और मैं चाहे-अनचाहे

माफ़ करने को बाध्य हो जाऊँ
ताकि तुम क्षमा कर सको अपने-आप को

इन सारे अनुष्ठानों के परे
हम सरल तरीक़ों से भी
इस कमी को दूर कर सकते हैं

जैसे सीधे पूछ लेना
कि मेरे मुस्कुराने पर
तुमने मुझे ख़ाली आँखें क्यों लौटा दीं
या तुम्हारे खाने के लिए पूछने पर
मैंने तुम्हारी ओर देखे बिना "हूँ" क्यों कर दिया
और इस तरह बिना जान जलाए चंद घड़ियों में
हम ले सकते हैं एक-दूसरे पर अपने अधिकार।

व्यतीत

इंतज़ार करते हुए वक़्त नहीं,
हम बीतते हैं।

और इंतज़ार करानेवाला सोचता रह जाता है
कि जितना छोड़ गया था
उससे कम कैसे!

बिसरा-बिछड़ा

पुरानी चिट्ठियों को सोचने से
डरती हूँ—
नहीं, वो नहीं
जो तुमने भेजी थीं मेरे लिखे के जवाब में,
अपनी पहल पर नहीं
—जो मैंने लिखी थीं तुम्हें

क्या ही हो सकता है उनमें?

शायद मेरा कोई हिस्सा
जो मैंने जान-बूझ कर खो दिया,
या छोटा कर लिया
ताकि तुममें समा सकूँ

क्या होगा उन चिट्ठियों में
शायद कोई रिसता दुख
जिसका हिसाब न रखा हो,
या कोई धारदार ग़ुस्सा
जिसे सौदे में बेच दिया हो।

आदत

तुम्हारा न होना आम है,
होना अपवाद।

तो भी
आदत पड़ जाती है तुम्हारी।

आपदा में अवसर

क्यों ज़रूरी है
हर किसी के हिस्से के हर्फ़
उस तक पहुँचाना?
क्या अनकहे का बोझ इतना ज़्यादा होता है,
शब्दों के निकल जाने के ख़ालीपन से?

एहतियात से छिपाए
तनाव के तेज़ प्रवाह से उत्पन्न ऊर्जा
कई कारख़ाने चला सकती है
हमें बचाती हुई
नाकामी और निकम्मेपन से।

लापता

प्रेम
अपनी मर्ज़ी से नहीं जाता
छोड़कर,
वह बढ़ने के लिए
परवरिश चाहता है।

पर हमें बच्चे प्यारे लगते हैं,
किशोरों को सँभालना
सिरदर्द है।

हम दरवाज़े खुले छोड़
उनकी तरफ़ पीठ कर लेते हैं,
फिर शिकायत करते हैं
प्यार गुम गया।

मतलब

सौ कामों के बीच—
"मैं हमेशा तुमसे प्यार करूँगी"
—कह उठने का ताल्लुक़
तुमसे, मुझसे या हमारे प्यार से नहीं,
उस हमेशा से है
जिसके बचे-खुचे, अनियमित क्षणों का साक्ष्य बनने से
जीवन की पूर्णता का स्वाद उतरता है
मन में
जैसे फल में पकता हो रस।

नज़रिया

क्या मुमकिन है
एक सोते हुए चेहरे को ऐसे देखा जाए
कि हमारी नज़र उसकी आँखों को भेद
उसमें समा जाए

और जागने पर वह हमें ऐसे देखे
जैसे हम उसे...

सावधानी

बेहतर है आँखें बन्द रखी जाएँ
आलिंगन के वक़्त

अगर नहीं चाहते
कि किसी और को दिख जाए
आपकी नज़रों का ख़ालीपन।

ख़तरनाक

सबसे ख़तरनाक होता है
कविता के लालच में
कवि से प्यार कर जाना

उसकी क़लम से आपके लिए
अटपटी कविताओं का लिखा जाना
खिंची हुई मुस्कान के साथ
उन कविताओं का सुना जाना
न निगला जाना, न उगला जाना

सबसे ख़तरनाक होता है
कविता के लालच में
कवि से प्यार कर जाना

संरक्षण

दुनिया से बचने के लिए
नहीं लिखती
प्रेम कविता

लिखती हूँ
ताकि दुनिया बची रहे।

सरसरी

जब तुम पूछते हो
मैं कैसी हूँ,
उस सवाल में निहित हैं
कई और प्रश्न
जैसे
कैसे
मेरा होना
बचा हुआ है
दिन-ब-दिन
इस दुनिया में,
इस दुनिया के बावजूद,
लगातार।

एक पल में
चलते-चलते
नहीं दे सकती
उसका जवाब।

बेहतर है
तुम आओ
जब फ़ुर्सत हो,
अध्ययन की मंशा के साथ,
इस मुग़ालते को
दरवाज़े पर छोड़
कि एक सरसरी निगाह में
तुम सब भाँप लोगे।

तुम्हीं देवता हो

तुम्हें जानने के पहले मैं ईश्वर को नहीं मानती थी—
वह न मुझे दिखता था,
न सुनाई देता था,
न तो चिट्ठियाँ लिखता था
—पर अब मुझे यक़ीन हो गया है कि वह है।

तुम मुझे मिलते नहीं,
न ही तुम्हारी चिट्ठियाँ आती हैं
न आते हैं फ़ोन कॉल, न मैसेज
पर तुम्हारे किसी पुराने टेस्टामेंट में तुमने
हमेशा मेरे साथ होने का वादा कर रखा है,
तो मेरा ख़याल है कि तुम होगे ही,
और शायद ईश्वर भी होगा कहीं-न-कहीं।

वफ़ादारी

दूसरे के साथ
न होना
नहीं होता
वफ़ादार होना।

वफ़ादार होना
होता है
किसी के साथ
पूरी तरह
होना।

ज़्यादा

वफ़ा की समझ कुछ सिकुड़-सी गई है
कुछ ग़ैर-महफ़ूज़, तंग दिलों में।

क्या वाक़ई अब मैं बैठकर सोचूँ
तुम कब किसी और को सोचते हो?
जब सोचते हो
तब ये भी तो सोचते हो
कि मुझे क्यों नहीं सोचा,
मतलब मुझे सोचते हो
और भी ज़्यादा।

उस दिन तुम फूल लाते हो मेरे लिए,
और भी ज़्यादा।

आख़िरी ख़्वाहिश

तुमसे प्रेम
मेरी अन्तिम इच्छा है,
आत्मघाती ही सही।
इस ख़ुदकुशी में मेरी ही ख़ुशी है,
क्योंकि तुमसे प्यार करना ठहर जाना है,
पूर्ण हो जाना है
उस विराम में
जो पुनः स्थगित न हो,
उस ख़लिश में,
जिसमें दोबारा ख़लल ना हो।

पाठ

असंबद्ध

शिकायत करती इस दुनिया से
सभी ग़लतियाँ गिनवाती
नाराज़गी जताती
अगर एक-दूसरे के होते हम,
मैं
और दुनिया।

चाहिए

उधेड़ने की हिम्मत,
बुनने का शऊर
और एक अन्तहीन रात्रि की
असंख्य सम्भावनाएँ...

दुख की जगह

दुख कहीं भी आपको दबोच सकता है
एक से एक असुविधाजनक मौक़े पर
मीटिंग के बीच
ठीक आपके बोलने की बारी से पहले
निवाले में लिपट
अटक सकता है गले में
हँसी की पीठ से निकल
धप्पा कर सकता है
उसे सोचना, सीखना चाहिए
संवेदनशील, शांत होना,
दबे क़दमों से आना
जब सही वक़्त हो
पर कब?
कौन-सा समय हमने सुनिश्चित किया है?
कौन-सी जगह,
जहाँ उसे मान से बिठा पूछा जाए—
कैसे हो!

गंतव्य

चलती ट्रेन
पायदान पर बर्फ़ पाँव
खिड़की की छड़ों पर सुन्न उँगलियाँ
छत पर पेचीदा आसनों में उलझे कूल्हे...

यह सब
कहीं न कहीं
पहुँचने के लिए।

क्या वाक़ई
कोई नासमझ मान सकता है
ख़ुद को पहुँचा हुआ
बग़ैर सफ़र किए?

हिम्मत

काश कि बाँटी जा सकती उस प्रसाद की तरह
जो लोग अपने-अपने भगवान को भेंट करते हैं
क्योंकि होती तो है उतनी ही पवित्र
हिम्मत।

काश, साँस की तरह हर एक के पास होती
क्योंकि होती तो है उतनी ही ज़रूरी
हिम्मत।

पर न बिकती है,
न उधार में मिलती है
पौधे-सी अपने ज़मीर की मिट्टी में उगानी पड़ती है,
फिर एक दिन रौशन पेड़-सी लहलहाने लगती है,
रगों को पाक करती, झरने-सी चमचमाने लगती है
हिम्मत।

ईश्वर

वह
हमें कई ग़लत आदतें सिखाता है;
जैसे
किसी से बातें करना
बिना ये जाने कि वह सुन भी रहा है या नहीं!

जुगाड़

अपनी कमज़ोरी को गरियाओ मत,
मेरे दोस्त!
याद रखो,
किसी के पेट के गड्ढे ने
रोटी को आकार दिया होगा।
किसी के अँधेरे से निखरे होंगे
ब्रेल के उभार।
तलवे में घुसी कील ने
चप्पल बनवाई, यात्रा नहीं रोकी।

तुम तो इस बात का पता लगाओ
वह कौन-सी रॉड है
जिसके निकले सिरे में फँसकर
हर बार चर्र से फट जाता है
तुम्हारा कुरता

क्या उसे दीवार से निकाल
बाज़ार में बेचा जा सकता है?

क्या उसके लोहे से
बिना किसी की ज़मीन छीने
स्टील बना सकते हैं?
या फिर
वह इतना भारी है
कि दिन में दस बार उठाने से
घर में ही हो जाए तुम्हारी कसरत?

और अपनी पेशियाँ देख
तुम फूले ना समाओ!

खोज

ख़ुद को ढूँढ़ने की व्यस्तता में
एक इंतज़ार शामिल है
किसी का

शायद वह हमें ढूँढ़ निकाले।

प्रश्नावली

जिसे आपके हाथों ने थामा न हो
उसे जाने देने की प्रक्रिया क्या है?
अजन्मे सपने को दफ़नाते कैसे हैं?
पंक्तियों के बीच पढ़ने को कहा जाता है,
पर उतनी-सी कोरी जगह में नई पक्तियाँ लिखीं कैसे जाएँ?
उन शब्दों को धैर्य से कैसे सुना जाए,
जिन्हें इस क्रम में पहले कभी साथ लाया ही नहीं गया?
कोई पीड़ा शरीर में लगातार अपनी जगह बदले तो
उसका उपचार क्या हो?
उस रास्ते से मोह कैसे जताया जाए
जिधर कभी मुड़े नहीं, बस दूर से देखा हो?
ढीला कैसे छोड़ें उस शरीर को
जो बिना तनाव जिया न हो?
'साँस बाहर' की क्रिया कैसे करें
जब इतनी देर से साँस थामे बैठे थे कि अब वजह याद नहीं,
और फिर थामे रह गए कि कहीं बाद में याद आ जाए?
कोख की हरीतिमा को सहलाया कैसे जाए

जो उसका आकार मालूम न हो?
ग्लोब इस ढंग से कैसे पकड़ें कि
आपकी उँगलियों की छुअन से कोई भी हिस्सा अछूता न रहे?
उन हाथों को गालों पर कैसे टिकाएँ
ताकि किन्हीं अनछुई लकीरों की स्मृति
त्वचा को जला न दे?

सामग्री

एक उदास कहानी मुझसे मेरे सभी अभियान भुलवा सकती है
हींग के छौंक की गंध मुझे कृतज्ञ आँसू रुलवा सकती है
पिछले खोए के लौटने की उम्मीद जगा

मौसम से लड़कर खिला एक फूल हाथ पकड़ मुझे उठा सकता है
बन्द जाली के कोने से घुसा दुष्ट कबूतर
मुझे ढिठाई, बेहयाई के फ़ायदे गिनवा सकता है

लड़के के रोने से मैं दुनिया के ख़िलाफ़ तलवार साध सकती हूँ
लड़की के हँसने पर मेरी रुकी साँस आज़ाद हो जाती है
दोस्त की माफ़ी मुझे फिर से जिला देती है

टटोलने-भर से इनमें से कुछ तो हाथ लग ही जाता है
एक और खेल के लिए मैं फिर तैयार हो जाती हूँ।

समय-समय की बात

क्यों इन्सान को इतना समय लगता है
अपनी धूल झाड़ खड़े होने में,
जबकि हाथ झाड़ते उसे तनिक देर नहीं लगती?

सौदा

“इस बार संतरे हर जगह महँगे हैं।”
अच्छा, भैया, आप कहते हैं तो मान लेती हूँ।

नहीं, ऐसी निरी नहीं कि शक न आया हो मन में,
पर ठगे जाने का डर गौण था
विश्वास करने की क्षमता को खो देने के भय के सामने।

मृत घोषित

उसके आख़िरी दिनों में
कभी टूथपेस्ट की ट्यूब को
दो टुकड़ों में काटा हो,
तो तुमने देखा होगा
कितना कुछ बचा रह जाता है

तब भी जब लगता है
सब ख़त्म हो गया

ज़िंदगी का कितना बड़ा टुकड़ा
अक्सर फेंक दिया जाता है
मरा समझकर।

दूरदर्शी

मेरी तीखी टिप्पणियों के बावजूद
मेरे ईश्वर ने हज़ारों दफ़ा लीं
मेरी बलाएँ अपने सर
और सबसे ज़्यादा तब,
जब वह ढाल बन खड़ा हुआ
मेरे और मेरी इच्छाओं के बीच।

ठगी

क्या ही खीज भरा पल होता है—
आप अन्दर महसूस कर रहे हों
गूढ़ पेंटिंग-सा कसा हुआ ख़ुद को और उन्नत
और शीशे से मिलने पर
एक भयभीत क्षमायाचना दिख जाए

या तो रेत रगड़ ली जाए चेहरे पर
या नाक बन्द कर
कहीं डूब जाने का प्रावधान हो

पर माँ क़सम
इस उधर-इधर के छल को
आज जड़ से मिटाने का
इंतज़ाम कर ही लिया जाए।

समझौता

अपने भीतर के दानव को ढूँढ़ना,
उसका सामना करना,
मेहनत का काम है—
ख़ासी मेहनत,
और असुविधा अलग।

आओ,
उनको मार गिराएँ
जो हमें याद दिलाते हैं
ख़ुद की।

पहचान

अब मेरी बारी

तुमने हमेशा मुझे टुकड़ों में ही देखा है,
तुम्हारे लिए मैं कभी सम्पूर्ण रही ही नहीं,
तो यह लो,
सँभालो मेरा ये टुकड़ा—
मेरा स्तन,
जिसे मैं हवा में उछाल रही हूँ।

फिर देखते हैं
अगर आसमान से गिरती लपटों में झुलसे तुम्हारे हाथ
कुछ और टटोलते हुए
वापस आते हैं।*

---

* तमिल महाकाव्य 'शिलप्पादिकारम' में कन्नगी अन्याय के विरोध में अपने स्तन को शरीर से विलग कर मदुरई की ओर उछालती है और नगर अग्नि की लपटों में होम हो जाता है।

भले घर की लड़की

वह
भेंट की जाती है
पुरुष को,
उसके साथ
पाई नहीं जाती।

अपने भीतर के वेग को
नाख़ूनों से भेद वह
सिकोड़, मरोड़ देती है।
उसकी जाँघों, तकियों, कपड़ों, काग़ज़ों में
सबूत मिलते हैं
उसकी गड़ी उँगलियों के।

हर काम की तरह
बड़ी ही शान्ति से
अपने नवजात स्वप्नों को

नमक चटा
अन्तिम नींद सुलाना भी जानती है वह।

उसकी नपी मुस्कान देख
चिड़िया के चहचहाने का-सा अहसास होता है,
जिसकी भाषा समझने की ज़रूरत
महसूस नहीं होती,
पर सुनकर लगता है—
चलो, सब ठीक है।

नहीं, मुझे भूख नहीं

औरतों को भूख नहीं लगती
कई के फ़ैशन के तो क्या कहने,
सुबह का चाय-नाश्ता छोड़
सीधे दुपहरी में ब्रंच करती हैं।

अब मेरी नानी को ही देख लीजिए
उस ज़माने में भी अपने फ़िगर की इतनी चिन्ता थी कि
संयुक्त परिवार के लिए ढेर सारा खाना बनाने के बाद भी
वे और उनकी साथिनें ब्रंच में बस माड़ पीती थीं।

कपड़ों की तरह खाने में भी औरतें कुछ हट कर करना चाहती हैं,
बाक़ी परिवारवालों से कुछ अलग।
उनकी थाली में आड़ी-बाँकी-जली रोटियाँ,
टूटे पुए, मोटे चीलों के अवशेष,
आलू-मटर के केवल आलू...
सारे स्टाइल देखने को मिलेंगे।

बेचारे पतियों को इतना परेशान करके जो सब्ज़ियाँ मँगवाती हैं
वो फिर खाती भी नहीं...
तो क्यों मँगवाया भला!
इन्हें बस चाट-पकौड़ों का शौक़ है,
गर्भावस्था में मिले अतिरिक्त सरकारी राशन को भी
घर के राशन में मिला देती हैं।

देश-दुनिया की कोई ख़बर नहीं,
बस रोज़ सोचना और पूछना, "आज खाने में क्या बनाऊँ?"
अरे, अब हर दिन टिंडे खाने पर कोई चुटकुला बना दिया
या कभी ग़ुस्से में ज़रा थाली फेंक दी,
तो क्या इसका मतलब ये है कि
मर्दों को खाने के अलावा कोई काम नहीं?

वैसे कुल मिलाकर अच्छा ही है
कि औरतों को भूख नहीं लगती।
क्योंकि जब वे भूखी होती हैं
तो डायन बन जाती हैं।
अलग-अलग आस्थाओं के अनुसार
नवजात शिशुओं का भक्षण,
जवान जिगरों का सेवन,
या सीधे ख़ून पीने लगती हैं।

ख़ुद को बुद्धिजीवी समझ धर्म की आलोचना करनेवाले
नहीं समझते कि धर्म के पीछे भी बहुत बुद्धि लगाई गई है।
औरतों की इस विकराल क्षुधा से बचने के लिए
आवश्यक है कि वे लगातार व्रत करती रहें

जिससे भोजन के प्रति वे
नीरस और विरक्त हो पाएँ।
ताकि कभी भी पूछने पर उनसे यही जवाब मिले—
"नहीं, मुझे बिलकुल भूख नहीं।"

धोखा

शुरुआत से आज तक मैं
'कृपया पीली लाइन के पीछे' और
'लाल रेखा के भीतर' रही हूँ।
ईस्टमैन कलर के झिलमिल घेरे मुझे अन्दर बुलाएँ
ऐसी बुरी लड़की नहीं बन सकी।

पीली लाइन और लाल रेखा के अन्दर रहते हुए
मैं रंगोलियाँ बनाने से मना कर
कमर पर हाथ डाले, पाँव फैलाए, ठुड्डी निकाले
खड़ी रहती हूँ,
इसलिए अच्छी लड़की नहीं मानी जा सकती।

आहत आवाज़ों को कई बार मुझे धोखा बुलाते सुना है।

ध्वनि की गति

पिता की दहाड़ में
माँ के जवाब को
जिन बेटों ने डूबते देखा है
उनमें से कुछ
अब इतना ऊँचा बोलते हैं
कि ख़ुद को नहीं सुन पाते,
और कुछ
जो आज भी सुन सकते हैं
अपनी माँओं को,
वे सुनना सीख गए हैं
अपनी प्रेमिकाओं को।

ध्वनि तरंगों की गति
वायु से ज़्यादा
द्रव्य में पाई गई है।

एक नई पेशकश

मेरी तरह तुम भी ऊब तो गए होगे ज़रूर,
जब बार-बार तुम्हारे पाँव के नीचे ख़ुद को पानेवाली
बित्ते-भर की जंगली फूल मैं
अपनी कँपकँपाती पंखुड़ियों से
तुम्हें वही पुरानी अपनी शोषण की कविता सुनाती हूँ,
—यह जानते हुए कि प्रशंसा-गीत गाकर भी अब जान नहीं बचेगी—
एक मरते इन्सान की आख़िरी ख़्वाहिश,
जिसकी बुदबुदाहट वह ख़ुद भी ठीक से नहीं सुन पाती
और आत्मघृणा से खिसियाकर मर ही जाती है।

आओ अब की बार कुछ नया करें,
एक नया खेल ईजाद करें।
इस बार मैं तुम्हें एक ढीठ गीत, उछलते नारे
और खीसें निपोरते तारे-सी मिलने आती हूँ।

ख़ासा मज़ा आएगा,
क्या कहते हो?

गौ राशि की कन्या

हमारी लड़की गाय है।

आप इसे जननी, भगिनी, भार्या...
किसी भी किरदार में डाल सकते हैं।
बासी रोटी, घास-फूस, प्लास्टिक,
कुछ भी खाकर एक कोने में पड़ी रहेगी।
और ख़ासकर उपयोगी सिद्ध होगी तब,
जब इसके नाम पर, इसके मान के लिए,
आप अपने गौरव की लड़ाई लड़ेंगे।

हस्तकला

मेरे घर की औरतें
हाथों से साँस लेती हैं
उनके दाँतों तले आई उनकी ज़बान
हड़बड़ाकर पीछे हट जाती है
पलकें अनकहे शब्दों की गड़गड़ाहट को
कसकर भीतर रख देती हैं
कपड़े तह करते, फ़र्नीचर की जगह बदलते
आग से गीली लकड़ी बाहर खींचते, नारियल तोड़ते
इन हाथों को प्रशिक्षण दिया गया था
इन पर खुदी लकीरों पर चलने का
सालों का सीखा वे भूल नहीं सकीं
पर जो कर सकती थीं वह किया
लकीरों को खुरदुरा, धुँधला कर दिया
उन रेखाओं से जो उनकी कमाई के थे,
जिनकी अब वे मालिक हैं।

जत्था

मुझे भागती हुई औरतों के सपने आते हैं
दीवारों को फाँदते, लगातार हाँफते
थाने के सामने दम-भर ठहरते
और फिर से भागते,
याद करके—"ओह, इनसे भी तो भागना था..."

यह वो सपना नहीं
जिससे उठकर कहा जाए—
"शुक्र है, बस एक सपना था,"
यह एक सच है
जो कई सपनों को लील गया

मैं जानती हूँ मैं ही हूँ वे सब औरतें
जानती हूँ वे मुझे बचाने के लिए भागती हैं
अब मैं उनके भीतर से लपक
उनके सामने आ जाना चाहती हूँ
देना चाहती हूँ उनको विराम

चाहती हूँ, वे मेरी पीठ और कंधों पर
सवार हो जाएँ
मैं उनको लेकर उस दंभ से चलूँ आगे
जिसके ख़िलाफ़ हमें चेताया गया था
हर बार जब हमने दृढ़ता दिखाई

एक-एक क़दम पर हिले धरती
जगाती उन सभी को
जो धरती में समा गई थीं
उनके दिल पर रखा एक-एक पत्थर फूटे
फाड़ता हुआ कानों पर पड़े परदे

हमारे दाँत मुँह से कहीं आगे तक निकले हों
गर्भावस्था की कमज़ोरी से नहीं
इस बार अधिकार से गड़ने को
हर लूटे गए निवाले में

आँखों का काजल फैल चुका हो
नज़रबट्टू बन उन गालों पर
जिन पर कालिख फेंकने वो बढ़े थे
जब उनकी दी गई लाली पोतने से
हमने मना कर दिया था।

हम अट्टहास करें, भयावह दिखें, ऑक्टोपस बनें
शरीर से छोड़ें स्याही की पिचकारियाँ
उन पर साधें
जो संग होली खेलने को व्याकुल थे।

जीवेत शरदः शतम्

सपाट चेहरा लिये बैठी रही वह,
उसकी सहेली बेतहाशा बोलती रही
उसके टूटे दाँत के बारे में;
जैसे महज़ एक दाँत के ख़त्म हो जाने से
रिश्ता भी ख़त्म हो जाता हो।

हो जाती हैं कभी दो बातें, दो लोगों के बीच,
पर आप शादी को खेल नहीं बना देते
मतभेद होते हैं,
और सुलझ भी जाते हैं।

सहेली दिल की अच्छी सही, पूरी पागल थी।
गुस्सा इतना तेज़, कहती—
"जवाब में तुम्हें भी
पति का दाँत तोड़ डालना चाहिए था।"
यह भी कोई बात हुई! उसने सुना नहीं क्या—
"आँख के बदले आँख पूरी दुनिया को अंधा बना डालेगी?"

अपने पति के साथ वह ऐसा क्यों करना चाहेगी
अपनी मुश्किलें और क्यों बढ़ाना चाहेगी?
फिर वह खाया कैसे करेगा, चबाया कैसे करेगा,
खाने में मिली हुई पिसी काँच?

कुछ औरतें

कुछ औरतें अपने बुने को उधेड़ देती थीं

कुछ चूल्हे के बुझ जाने पर देर तक
नज़र गड़ाए रखती थीं अंगारों में,
आँखों में उगाती थीं नसों के लाल पेड़

कुछ कुएँ से पानी निकालते हुए
बहुत ज़्यादा भीतर तक डूबने देती थीं बाल्टी को
आने देती थीं ऊपर जो भी आना चाहता था

कुछ घरवालों से छिपकर
उस गाय को गुड़ दे आती थीं
जो फिर गाभिन नहीं होती,
और कुछ देर शांत बैठती थीं
उस दशहरे प्रसाद होनेवाले पठरू* के साथ

---

* बकरी का बच्चा

कुछ रोज़ जाती थीं आत्मकामी या बेरुखे पति की शैया पर,
और सोती थीं रात के संग, अगले पहर जागती हुईं
कुछ बेटे को भी ओढ़नी बाँध खेलने देती थीं
और हाथ की सफ़ाई से टपका देती थीं
बेटी की थाली में घी

कुछ सुबह की चाय में देरी के लिए रोज़ उलाहने सुनतीं
और नहीं बतातीं किसी को कि
नदी जाते हुए वे आम के बगीचे में रुकी थीं,
न ये ज़ाहिर करतीं कि क्या हुआ दोनों के बीच

कुछ ने डरती सहेलियों के हाथ दबा
उनके इलज़ाम अपने सर ले लिये थे,
और उनके निशान भी

कुछ औरतें सालों पहले अन्य जाति के लड़के को देख मुस्कुराई थीं
और सालों बाद भी खुले दालान में सबके साथ बैठीं
उसे अन्दर कहीं बन्द रखती थीं सुरक्षित,
और इस जीत को सोचकर मुस्कुराती थीं

क्योंकि कुछ औरतों को आता था
आने के साथ जाना भी,
उनसे सब डरने लगे
घोषित करने लगे उनके पाँवों को उल्टा

जब कहा कुछ औरतों ने कि वो कई मर्तबा
झुलसी हैं जिस इंसान के साथ सोने पर
अब उसकी चिता पर तो वे साथ नहीं लेटेंगी
तो होम किया गया उन्हें

और उस भभूत से बहुत रोती बहुत औरतों ने
रगड़ डाली कई कड़ाहियाँ
जब तक कुछ औरतों की शक्ल
नहीं झलक आई लोहे पर

और बहुत औरतों ने
अन्दर कहीं बन्द रख लिया सुरक्षित उन चेहरों को
और इस जीत को सोचकर फिर मुस्कुराने लगीं।

मान अर्जन

तुम्हारे होने के समय से ही
तुम पर बोझ बना रहा
यह साबित करने का
कि इतना बुरा भी नहीं है
तुम्हारा होना।

हमेशा तुम तत्पर रहीं
उनकी कृत्रिमता को स्वीकारने के लिए
ताकि तुम्हारे होने का तथ्य फीका पड़ जाए
जैसा-बनाया-जाए-वैसा-बन-जाने की
काबिलियत के सामने।

सोचती रही कि सब मानती रही
तो मानी जाओगी, मिलेगी इज़्ज़त,
अपनी और सबकी इज़्ज़त बचाकर—
बाहर न जाकर,
प्रेम में ना पड़कर,
इच्छाओं से अनजान बनकर।

पर अगर परिवार की इज़्ज़त थी
तो दान क्यों की गई?
अगर दूसरे घर की इज़्ज़त बनी
तो खिल्ली क्यों उड़ाई गई तुम्हारे पुराने घर की
—मना करने पर भी जिसे तुमने अपना माना था—
स्स्साले और ससुरे की
—साली और सास तो ख़ैर तुमसे ज़्यादा अलग नहीं थीं—

ओह, हाँ, इसका गणित अब समझ आया—
उधर की इज़्ज़त इधर आ गई,
तो उधर की इज़्ज़त गई।
पर फिर तुम इतने सालों से उधर
किस इज़्ज़त की पहरेदार बनी बैठी थी?
चलो, अब इधर आ गई हो
तो मिलेगी न तुम्हें इज़्ज़त?
पर ये क्या, तुम तो अभी भी
उधर की ही समझी जा रही हो
जिधर की नहीं रही अब कोई इज़्ज़त,
वह दान कर दी गई,
और इसलिए तुम्हारी भी नहीं रही।

लेकिन
इधर-उधर के बाहर भी एक दुनिया है
जो शायद समझे तुम्हारे तप को,
इनाम दे तुम्हारे बलिदान का, इज़्ज़त दे तुम्हें।

जहाँ तुम्हारे शरीर का हर अंग
बन चुका है एक गाली,
मांस के लोथड़े उछाले जा रहे हैं
फुटबॉल की तरह गिद्धों के समूह में।

वैसे एक आख़िरी मौक़ा है इज़्ज़त कमाने का
जाँघों को खोलकर
अगर तुम मारो उनके लोहे से एक आसमानी लात,
सिखा दो,
खेल कैसे खेला जाता है।

मांडवली

लड़कियाँ उड़ने के सपने देखती हैं,
भागने या एम.एम.एस बनने के नहीं।

तुम्हें बस इतना कहना है—
"उड़ो, लड़खड़ाई तो हम थाम लेंगे।"
या, कम-से-कम इतना—
"गिरी भी तो ज़रूर सँभाल सकोगी ख़ुद को।"

क्या इतना भी नहीं होता?

तो इतना तो करो ही—
उन 'बलिदानों' को गिनाना छोड़ दो
जिनके 'बदले' में तुम्हें उनकी बलि चाहिए।

व्यापार को रिश्ते का नाम न देकर,
ख़ुद को और उनको
इस रोज़ की पिसाई-धुनाई से रिहा करो।

महामृगनयनी

फ्लाईओवर, सेमल, बादल
उठी नज़रों की भेंट तो इन्हीं से होती है।

पर जब नज़र पर पहरा बिठानेवाले
इन निगाहों से रू-ब-रू होते हैं
तो ये खुरदुरापन, लहक, नित-नवीन आकार
उन्हें पसोपेश में डाल देते हैं।
वे ढूँढ़ते रहते हैं गुलाबजल में डूबे
उन संकुचित होते रूई के फ़ाहों को
जो डालने वाले की आँखों में जलन
और देखने वाले की आँखों को शीतलता प्रदान करते हैं।

अभी वक़्त लगेगा उन प्रहरियों को समझने में
कि उन नज़रों का दायरा बहुत बढ़ चुका है,
वे चेहरे पर अपना क्षेत्रफल बढ़ाते जा रहे हैं
और इस बीच वह दायरा विस्तृत होता रहेगा,
नज़रबन्दी की सूक्ष्म सीमाएँ उसमें अदृश्य हो जाएँगी।

प्रतिकार

जब अपने डर से पनपी नफ़रत में
तुम मुझे कुछ भी कहोगे,
मेरे साथ कुछ भी करोगे,
जब मुझे मलिन करने की अन्धाधुन्ध कोशिश में
तुम्हारे भीतर की काजल-कोठरी के लिजलिजेपन की कलई खुलेगी,
तब तुम्हारा कुत्सित साहस देख
मेरे क्रोध की पाशविक चीख़ें
आसमान को चीर के रख देंगी
और मेरी भिंची मुट्ठियों में होगी
तुम्हारे पैरों के नीचे की ज़मीन।

तुम हमेशा मुझे याद दिलाते थे कि
मुझमें और तुममें कितना फ़र्क़ है।
मैं हमेशा ख़ुद को याद दिलाती थी कि
ख़ुद में और तुममें फ़र्क़ बनाए रखूँ...

कम-से-कम इतना फ़र्क़
कि ख़ुद को बिगाड़ न बैठूँ।

याद रहे,
इस बार मैं वो फ़र्क़ भूल जाऊँगी।

क्योंकि अगर अब तक तुमने मुझे बनने नहीं दिया तो
अब शायद इस बिगड़ने में ही
मेरा बनना हो।

सबूत

हाँ, आप सही थे

आपने तो पहले ही कहा था
कि एक दिन मुझे एहसास होगा
कि कितना मुश्किल है
अकेली औरत होना

हाँ, मुझे याद है
मैंने आपकी बात नहीं सुनी थी

पर दरअसल
सुन तो मैं रही थी
हर रोज़ आपसे
कि कितना मुश्किल है यह

देख रही थी रोज़
आपको ये कहते हुए मेरे लिए
ऐसा होना मुश्किल बनाते हुए।

स्पष्टीकरण

रंडी-वेश्या कहकर
हमें अपमानित करने की लालसा रखनेवाले
ऐ कमअक़्लो,
एक पेशे को गाली बनाने की तुम्हारी फूहड़ कोशिश से
हम पर तो कोई गाज़ गिरी नहीं।
पर अपनी चिल्ल-पों और पोथी-लिखाई से छानकर
क्या तुम इतनी सदियों में
कोई शब्द, कोई नाम ढूँढ़ पाए
हमारी देह के संगीत, उसकी दिली तमन्नाओं के लिए
जिसकी हर कोशिका के लिए
अपनी पाखंड-पंचायत में
तुम क़ानून गढ़ते फिरते हो?

एहसान मानो
कि हमारे दुःस्वप्न में जो लाल
हमारे घावों से रिसता है
सुबह उसे समेट,

उस धधकते फूल की पोशाक बना
हम पहन लेते हैं।

क्या हैरत नहीं होती तुम्हें,
कि कैसे सिनेमा हॉल में हमें नोचती
अँधेरी उँगलियों को मरोड़ हम
अगले पल अपने साथ वाले हाथ को
सहलाने लगते हैं?

हमारी इच्छाओं की बात शुरू होते ही
तुम्हें दौरे पड़ने लगते हैं।
क्या यह सोचा है कभी तुमने
कि कोई नरम चेहरा जब हमारी ओर झुकता है
तो उसके दोनों तरफ़ तैरने वाले
वीभत्स मुखौटों की स्मृतियाँ पीछे धकेल
कैसे हम उस चेहरे को पंखुड़ियों-सा सँभाल पाती हैं?

अगर इतनी ढीठ, दिलेर, स्नेही,
आशावान, अपराजिता, सुरमई—
नहीं होतीं हमारी इच्छाएँ
तो प्रेम होता तुम्हारे लिए दिवास्वप्न
और चाँद को कोफ़्त होती तुमसे।
तुम्हारी हथेली में नहीं गिरकर
वह बदमिज़ाजी से आसमान में टँगा रहता।
तुम भकुआए से
उसकी ओर ताकते, हुहुआते रहते।

ज़माना बदल गया

ज़माना बदल गया है
बचपन में जान गई थी
पहनने-ओढ़ने की आज़ादी थी
जब तक मैं सलीके से बैठूँ

अब पहले वाली बात नहीं रही
जितना जी चाहा पढ़ पाई
जब तक कि उम्र
'शादी के लायक' नहीं हो गई

जब प्रेम विवाह कर पाई
अपनी ही जाति में
चकित रह गई देखकर
ज़माना कितना बदल चुका था

और इसलिए,
क्योंकि ज़माना बदल चुका था,

अपने साथ लाया दहेज रख पाई
'हमारे' संयुक्त खाते में

नया ज़माना आ चुका है
दोस्तों के साथ मिलकर हँसने की छूट थी
जब मंडप में पंडित का बताया हुआ वचन दुहरा रही थी—
'मैं पराए मर्दों के सामने नहीं हँसूँगी'

जो ये ज़माना बदला न होता
तो पहले थप्पड़ के बाद
चिल्लाकर कैसे
अपना ग़ुस्सा दिखा पाती

न ही परिवार को बता पाती
जिन्होंने याद दिलाया कि मेरा फ़ैसला मुझे ही निभाना है,
कि अब बहुत देर हो चुकी,
पर साथ ही मेरे पति को भी समझाया, क्योंकि ज़माना बदल चुका है

ताली दोनों हाथों से बजती है
जब वो आग-बबूला हो, दूसरे को पानी होना चाहिए, घी नहीं
ख़ासकर, जब वो आपके बर्थडे केक पर मोमबत्ती भी जलाता हो
(जी-हाँ, ज़माना जो बदल चुका है)

दुबारा दफ़्तर जाने का मन तो करता है
लेकिन हर शाम घंटे-भर के लिए, मैं जो चाहे कर सकती हूँ
जब बच्चे अपने प्यारे पापा को खेल का मैदान बनाते हैं
इसलिए क्योंकि ज़माना बदल गया है;
फिर वक़्त हो जाता है पापा के फ़ेवरेट टीवी शो का

जब मम्मी जी-पापा जी आएँ, कुछ भी पहन सकती हूँ
जैसे अपने मम्मी-पापा के सामने
बस सब ढका रहे और यह तो कोई भी देख सकता है कि
ज़माना अब बदल गया है

जायदाद में अब मेरा भी हिस्सा है
वाक़ई, ज़माना कितना बदल गया
हाँ, कोई शरीफ़ बहन इतनी छोटी बात पर
क्यों अपने भाई से लड़ना चाहेगी

ज़रूरी है जो मिला हो उसकी क़द्र कर पाना
हर फ़िक्र को चूल्हे के धुएँ में उड़ाते चले जाना
तब जाकर सराहा जा सकता है
ज़माना किस हद तक बदल चुका है!

रचना-पद्धति

जिस दिन अनचाहे वह गले पड़ा
उसने घर जाकर लिखा—
'मुस्कुराकर मैं उससे गले मिला
जब चाहा उसके कंधे पर सर रख रोया'

अपनी ज्योतिष विद्या बघारते हुए
जब उसने मेरा हाथ अपनी ओर खींचा,
उसने लिखा उस सुकून के बारे में
जो जुड़ी हथेलियों के बीच सोता है

विनम्रता से 'न' कहने में
दिखी उसे मेरी विवशता
जो मेरी सहमति
जता न सकी

पाठक बढ़ते चले एक भावुक,
संवेदनशील कवि के
मैंने नहीं पढ़ी उसके बाद
आज तक कोई भी कविता।

सेवा में, आज़ाद औरतें

सुनो औरतो, गाँठ बाँध लो,
बहुत किया सम्मान।
हद को बेहद में बदला तो
सहना तुम अंजाम।

बाल विकास, जच्चा-बच्चा
ज़रूर सँभालो विभाग।
पर हर मुद्दे पर लगता क्या अच्छा
बोलना भूलकर लाज?

'कॉन्वेंट वाली घरेलू औरत'—
सोचा था क्या ख़ूब चुना!
मिट्टी हो गई मेरी ग़ैरत
जब ज़ोर से तुमको हँसते सुना।

बोलना क्या था नाकाफ़ी,
जो भाषा को भी गढ़ने लगी?

आज़ादी कुछ ऐसी रची,
कि चुटकुलों से चिढ़ने लगी।

सदियों से जब यही हुआ है,
तो धीरे-धीरे ढलने दो।
अब तक जब इतना सब सहा,
पीढ़ी-दो पीढ़ी चलने दो।

बदलाव को वक़्त चाहिए,
और हमारी आदत को भी।
शुक्र मनाओ, चने भिगो दिए,
वरना करती वह भी तुम ही।

इससे बढ़कर क्या हो सही,
ना मार-पीट, ना दारू-हल्ला।
कहती उसे—तुमसे प्रेम नहीं,
ग़र ये नहीं तो क्या है भला?

आई बॉयफ्रेंड से ब्रेकअप कर,
हमने भी तुमको माफ़ किया।
पर हरिश्चन्द्र की पोती बनकर,
पति को क्योंकर बता दिया?

जिस शब्द का मतलब ही स्वामी,
कर दिया उसी को क्षतिग्रस्त!
फिर भी है तुमको हैरानी
कि ऐसा क्यों वो हुआ विरक्त?

उसका कल था तजुर्बा करना,
जिसमें थी तुम्हारी भलाई।
थोड़ी कही, ज़्यादा समझना,
इतनी तो होगी चतुराई?

कल तक ना था अस्तित्व का सबूत
आज सब कुछ है अस्तित्व का सवाल
क्या सिन्दूर, क्या मंगलसूत्र
सब पर बस करना है बवाल।

बात यही है लाख टके की,
रहना है हमको साथ-साथ।
दफ़्तर में चाहे बॉस बन चुकी,
आती तो होगी मेरी याद?

इधर-उधर के चाहे जितने
कर लो तुम मर्ज़ी के काम।
वंशवृद्धि में काम आने से
क्या ही बढ़कर हुआ इनाम?

बिलकुल तुम संघर्ष करो,
हम तुम्हारे साथ हैं।
पर सेवा को भी जारी रखो
तब तो कोई बात है।

न मेरी, न तेरी ही,
बीच का कुछ पकड़ते हैं।
तुम जैसी थी वैसी सही,
हम थोड़ा-थोड़ा बदलते हैं।

ऊपर से ही है नीचे,
हम एक-दूजे के हैं पूरक।
सम में भी थोड़ा आगे-पीछे,
ख़ुशहाली की यही है सूरत।

घर अगर तुम्हारा नहीं तो
और भला ये है किसका?
काग़ज़ पर चाहे जो भी लिखा हो,
उसकी किसको है चिन्ता?

चिट्ठी को तुम तार समझना,
जल्दी वापस घर आना।
हिदायत को ना मनुहार समझना,
हाँ, सब्ज़ी शॉपिंग कर आना।

सुरक्षित

इतने सारे भलेमानस
सब चाहते हैं
मेरी ओर पीठ न करें

उनकी गुज़ारिश है
कि उनसे मिलने के बाद
मैं सीधे घर जाऊँ
(टैक्सी में बिठा
मुझे विदा करते हैं)

'अगर बाज़ार अकेले घूमना ही है
तो दिन में आइए'
(जब परवाने सड़क की लाइटों पर
अपनी काली छाया न डाल रहे हों)

मैं उनकी ज़िम्मेदारी हूँ
(क्या मैं अपनी भी कुछ हूँ?)

मैं उनकी ज़िम्मेदारी हूँ
जब तक उनकी नज़र में रहूँ,
तत्पश्चात
यात्री अपने सामान की रक्षा स्वयं करें

और उसके पहले?

उदय-अस्त

शुरुआत में तुमने ख़ुद को नोट लिखा—
'धीरज रखो, समय दो'
समय दिया।

इस उम्र में सोचती हो—
समय गया,
बहुत देर हो चुकी
उसे छोड़ जाने के लिए।
पूछती हो
कि जो पुराने हो चुके हैं
वे नई शुरुआत कैसे करें?

पर वक़्त चाहे तुम्हारे चेहरे पर
आड़ी-टेढ़ी लकीरें खींचता रहे,
एक क़लम अब भी तुम्हारे हाथ में है।

उधर नहीं, इधर

चाहे कितनी ही बार
उसका नम्बर ब्लॉक,
और फिर से अनब्लॉक कर दो।
चाहे दसवीं, ग्यारहवीं, बारहवीं बार
उसे कर लो आख़िरी कॉल,
वह नतीजा नहीं मिलेगा
जिस पर पहुँच सुकून पाने के
ख़्वाब देखती हो।

प्रश्नचिह्नों से पटे पड़े तुम्हारे पत्र
उस तक नहीं पहुँच सकेंगे।
अगर पहुँचे, वह पढ़ नहीं सकेगा,
जो पढ़ा तो समझ नहीं सकेगा।

अगर लिखना ज़रूरी है
तो उन लौट आए, अनखुले सवालों को
अपनी डायरी में लिखो
देखोगी, सब के उत्तर तुम्हें पता हैं,
बिना किसी कुंजी के।

परिवेश

आगे रास्ता बन्द है

चढ़ाई आने पर
रिक्शेवाला पैडल मारना छोड़
अपनी सीट से नीचे उतर आता है।
दोनों हाथों से हमारा वज़न खींच
हमें ले जाता है
जहाँ हम पहुँचना चाहते हैं।

एक दिन
सड़क के उस मोड़ पर
सीट से उतर
शायद वह अकेला चलता चला जाए
ग़ुस्से, नफ़रत या प्रतिशोध की भावना से नहीं
बस इसलिए
कि उस पल
हम उसके लिए अदृश्य हो चुके होंगे...

जैसे वह हो गया था
हमारे लिए
सदियों पहले।

अन्तर पहचानें

समाज में रहना है तो शादी करनी होगी।
हाँ, शादी के अन्दर होने वाले बलात्कार, मार-पिटाई,
आपके व्यक्तिगत मामले हैं।

बच्चे पैदा नहीं करोगे तो समाज आगे कैसे बढ़ेगा?
बच्चे अगर माँ-बाप को घर से निकालें तो यह उनका निजी मसला है।

श्राद्ध-कर्म समाज का नियम है।
उसका ख़र्च वहन करने के लिए पैसे नहीं, यह तुम्हारी अपनी समस्या है।

इज़्ज़त कमानी है तो समाज की समझ में आनेवाली
कामयाबी हासिल करनी होगी।
उससे तुम ख़ुश हो या नहीं, इस माथापच्ची का वक़्त समाज के पास नहीं।
व्यक्तिगत और सामाजिक में फ़र्क़ है, क्या इतना भी नहीं समझती?

अवसरवाद

आप सोचेंगे—
कवियों पर डेडलाइन का बोझ नहीं,
पर उन्हें भी
शुष्क शहर की एक कमज़ोर, टपकती बारिश को
समय पर निचोड़ लेना पड़ता है।

अकालग्रस्त आश्वस्त नहीं हो सकता
कि दोबारा सरकारी हेलिकॉप्टर वहीं से गुज़रेगा

वह और कवि
दोनों आश्वस्त नहीं हो सकते—
उनके आसमान में फिर बादल मँडराएँगे,
वे उस पक्षाघाती दुख के नहीं होंगे
जिसमें न पकड़ी जाएगी क़लम,
न ही उठा सकेंगे राहत सामग्री।

चाय पर चर्चा

ढाबे पर बच्चे
स्तब्ध चुप्पी में
मेज़ पर चाय रख
चले जाते हैं।
उनके नेता कहते हैं—
बच्चों को 'घर' के कामों में
हाथ बँटाना चाहिए।

चाय बेचनेवाले बच्चे
बड़े बन सकते हैं,
पर पहले 'चाय-चाय'
चिल्लाना पड़ता है।
दुनिया को
जतलाना पड़ता है।

द्रोण-दृष्टिकोण दोष

एकलव्य ने चरणों में रखा अँगूठा काट,
फिर भी नहीं हुई क्षुधा समाप्त
सदियों तक निरंतर होते रहे आघात...

द्रोण, यूँ कब तक माँग-माँग कर छोटे होते रहोगे?
अबकी एकलव्य ने अँगूठा दिखा दिया तो कहाँ मुँह छिपाते फिरोगे!

इधर-उधर की बात

तालीम वह भी कि इम्तिहान पास कर कोई निकल जाए
सीखता वह भी है जो सवाल कर ताउम्र दे इम्तिहान

ताक़त उसकी भी जो पीठों पर लाठियाँ तोड़े
और रोकती हुई उस एक उँगली में भी मज़बूती

क़ायदे उनके भी हैं जिनके पास ठहरीं कुर्सियाँ
जो सड़कों पर लेटे हुए हैं ज़िद है उनकी भी कोई

सब्र उनमें भी है जिनकी जमा एक-पर-एक मुफ़्त गोलियाँ
इंतज़ार उनका भी जो खोने की चीज़ें और डर हैं गँवा बैठे

दौलत उनकी भी जो कर रहे ईमान की ख़रीद
पूँजी उनकी भी जो कमा ला रहे दुआ और ग़ैरत

खेल उनका भी है जो खेले हैं जीत की ख़ातिर
खिलाड़ी वो भी जिन्हें जीतना है जीने के लिए

जो तटस्थ हैं

क्या ग़ज़ब की बात है
कि ज़िन्दा हूँ।

गाड़ी के नीचे नहीं आई,
दंगों ने ख़ात्मा नहीं किया,
बलात्कार नहीं हुआ,
मामूली चोट-खरोंच, नोच-खसोट ले
निकल ली पतली गली से।

अपने-अपने भाग्य की बात है!
जाने बेचारों के कौन से जन्म का पाप था
जो शिकार हो गए।

मेरे पिछले जन्म के पुण्य ही होंगे
कि शिकारियों की नज़र में नहीं आई,
उनसे नज़र नहीं मिलाई।

जाने कौन से जन्म का पाप है
हाय, क्या सज़ा इसी पारी में मिल जाएगी?

क़लम और कूटनीति

पत्रकारिता की डिग्री ले ज्यों ही हमने पद पर मोर्चा सँभाला,
सम्पादक ने एक नेताजी की वर्षगाँठ पर लिखने का भार डाला।
भोजस्थल पर पहुँच हमने चारों ओर दृष्टि दौड़ाई,
लगा मानो पूरी की पूरी इन्द्रसभा ही धरती पर उतर आई।
बाहर क़तार में खड़ी थीं नाना प्रकार की देशी-विदेशी गाड़ियाँ,
मखमली दूब के उद्यान में क़हक़हे लगातीं,
लाल-चम्पई चंदेरी-कोटा में महिमामयी नारियाँ।
और एक दृश्य का अवलोकन कर तो मैं हुआ विशेष रूप से क्षुब्ध,
जब एक सज्जन ने मदिरा-पात्र ऐसे रिक्त किया,
जैसे तप्त धरणी पर जलधारा हो गयी हो लुप्त।
इतने में नेताजी पधारे, 'आपकी प्रतीक्षा में तो हम बूढ़े हो गए',
यूँ कहकर अपने कर-कमल जोड़ वे दुहरे हो गए।
'कभी हम आपको, कभी अपने घर को देखते हैं',
इस पंक्ति को स्वरचित-सा दुहरा कुछ खिंच-सा गया उनके अधरों का बायाँ कोना,
और सचमुच, जो साहस बटोर उनके शीशमहल की ओर दृष्टि फेरी,
तो हमें भी आ गया अपने स्टूडियो अपार्टमेंट की स्थिति पर रोना।

तभी नेताजी के अनुभवी चक्षुओं को
अपने मुख के भावों की समीक्षा करते देख मैं झेंपा,
अपनी अपदस्थता को छिपाने हेतु
उनकी ओर प्रश्न का एक तीर फेंका—

'सुना है आपने असामाजिक तत्वों को शरण दी है?'
वे बोले, 'अजी, हमने तो आजीवन गांधीजी की स्तुति की है
पाप से घृणा करो, पापी से नहीं, बापू ने यही तो सन्देश दिया है
इसीलिए इन पापियों के शुद्धीकरण का ज़िम्मा हमने अपने सर लिया है।'

'लोग यह भी कहते हैं कि...',
पिछली बार का प्रत्युत्तर सुन मेरी आवाज़ थी अब तक लड़खड़ाई।
'अब छोड़िए भी लोगों की,' एक निश्छल स्मित बिखेर उन्होंने हाथ में सुनहरी क़लम थमाई।
सोमरस से गला तर करते हुए एक प्रसिद्ध चलचित्र की स्मृति उन्हें विभोर कर गई—
'क' से कलम होती है, 'क' से ही कूटनीति, 'क' से कभी तो हमें सेवा का अवसर दीजिए, भई।
अपनी इस व्यंग्योक्ति पर लगाया उन्होंने ऐसा ठहाका,
मानो सीधे चन्द्रमा पर फहरा आए हों अपनी विजय-पताका।
बोले, 'आइए, भीतर चलें, आप कलमकारों की हम ही कर सकते हैं सच्ची क़द्र,' और इस बार मुझे भी उनका आमंत्रण ठुकराना प्रतीत हुआ कुछ अभद्र।
बढ़ चला उनके घर की ओर कुछ सहमते, ठिठकते हुए,
कभी उनको, कभी उनके घर को, कभी ख़ुद को देखते हुए।

कीटाणु

'क्या आप जानते हैं—
आपके घर में
फ़र्श के ऊपर,
कालीन के नीचे,
टॉयलेट के पीछे,
नसों को खींचे, मुट्ठियाँ भींचें,
आप पर हमला करने को तैयार हैं
सैकड़ों, लाखों, करोड़ों कीटाणु?'

जी? जी, नहीं!
रेंगते वक़्त इन बातों का ख़याल ही कहाँ रहता है?

मैं और देश

होटल के साढ़े छह सौ रुपये के
मेरे कमरे में
एल.सी.डी. टीवी थी,
रजाई नहीं।
अपनी चादर को
पाँव जितना फैलाने की कोशिश में
बन्द एल.सी.डी. निहारते
मैं सो गई।

कुछ समय के लिए
मैं देश हो गई।

मैनेजमेंट

कुछ लोगों को बात हज़म नहीं होती,
चिढ़ते फिरते हैं—
'जिसे देखो मैनेजमेंट पढ़ने चला है।'

इनके घरों की बत्ती गुल करके
हाथ में ढिबरी थमा दीजिए,
ये ले मशालें चल पड़ेंगे।

अहमक़ समझते नहीं कि कितनी ज़्यादा ज़रूरत है इस देश में,
लोकतंत्र को मैनेज करने की!

कितनी ज़रूरत है
यूनियन लीडर को मैनेज करने की,
कारख़ाने में मरे मज़दूर के परिवार को मैनेज करने की,
अत्यधिक जानकारी से कुलबुलाते पत्रकार को मैनेज करने की,
एफ.आई.आर. दर्ज करने वाले पुलिस अफ़सर को मैनेज करने की,
कोर्ट के मुंशी को मैनेज करने की,
जज को...

सॉरी, सॉरी, ग़लती से...

मिस की चेतावनी

'क्या करोगे नहीं पढ़ोगे तो?
रिक्शा चलाओगे?
फ़ेल होके स्कूल से नाम कट जाएगा,
फिर बैठे रहना चरवाहा विद्यालय में।'

हम डर गए, पढ़ लिये।

अब कोई और चलाता है रिक्शा,
कोई और बैठा रहता है चरवाहा विद्यालय में।

नेपथ्य

गाँव में होता है नाटक
फिर चर्चा, सवाल-जवाब।

लोग कहते सुनाई देते हैं,
'नाटक अच्छा था,
जानकारी भी मिली।
कोई नाच-गाना भी तो दिखला दो।'

हमारी सकुचाई टोली कहती है,
'वह तो नहीं है हमारे पास।'
फिर आवाज़ आती है,
'यहाँ पानी की बहुत दिक़्क़त है।'

वे जानते हैं हम सरकार-संस्था नहीं,
लेकिन जैसे हम जाते हैं गाँव
यह सोचकर कि शायद वहाँ रह जाए
हमारी कोई बात

वे हमें विदा करते हैं,
आशा करते हुए
कि शायद पहुँच जाए शहर तक
उनकी कोई बात।

नेशनल कैपिटल टेरिटरी

हमारा शहर धुँधला है,
सफ़ेदी की चमकार ऐसी
कि हाथ को हाथ नहीं सूझता।

और आप चाहते हैं
कश्मीर, छत्तीसगढ़, मणिपुर, उड़ीसा—
सब तरफ़ हमारी नज़र पहुँचे!

कहाँ से?

निकास द्वार पीछे की ओर है

हम 'बाहरवालों' को चेताते हैं
उन्हें अपने-अपने घर भगा दिया जाएगा,
भूल जाते हैं कि हम सब अपने घरों से भागे हुए हैं,
कोशिश तो की है कम-से-कम।

चाहे दीवार फाँद दूसरी तरफ़ पहुँचें हों
या उसे खरोंचते हुए भीतर ही रह गए हों।

बहुत ज़रूरी है
एक-दूसरे में हमें घर मिल सके,
वरना दरवाज़े जो औरों का प्रवेश रोकेंगे,
एक दिन हमारा निकास भी रोक देंगे।

नॉर्मल

मेहमानों के लिए खाने में क्या बनेगा—
इसके अलावा कोई और बात न करनेवाले
मेरे अंकल-आंटी नॉर्मल थे।

मेरी दोस्त का फ्रॉक
उठाकर देखनेवाले
उसके पड़ोसी अंकल भी नॉर्मल थे।

अपने बच्चों की किताब में
'ड' से 'डर' वाले पन्ने पर जिनकी फ़ोटो प्रकट होती थी
वे पापा नॉर्मल थे।

डैडी की पसन्द की कम्पनी में काम करता
कभी ना मुस्कुराने वाला
लड़का बिलकुल नॉर्मल था।

तलाक से बेहतर
पिटाई को माननेवाली
बहू बहुत नॉर्मल थी।

मानवता से बढ़कर
मानचित्र को समझने वाली
जनता भी फुलटू नॉर्मल थी।

क़ातिल को सरगना चुनकर
उसे कंधे पर घुमानेवाले
लोग तो सौ टका नॉर्मल थे।

रुकिए, ज़रा चेक करिए,
कहीं आपका नॉर्मल लीक तो नहीं कर रहा?

पहाड़-पेड़-पीठ

पहाड़ पर देखा कि गाय की पीठ पर खुजली हुई
तो देवदार की खुरदुरी छाल से पीठ रगड़
उसने राहत पा ली।

चरवाहे को थकान हुई
तो सागवान से टेक लगा
सुस्ता लिया।

पेड़ और पहाड़ को तिलांजलि देकर
हम अब एक-दूसरे की पीठ खुजाने का काम करते हैं।
पीठ को टिकाने के ठिकाने के अभाव में,
उसे सीधी ना कर पाने की स्थिति में,
बेलें बन एक-दूसरे पर लदे रहने को बाध्य हैं।

मल्टीप्लेक्स

जहाँ हमारी तंग गलियों की छटपटाहट राहत पाती है
जिसके सिनेमा स्क्रीन में क़ैद बर्फ़ीली हवा में हम साँस लेते हैं
ख़ुद को फुसलाते हुए
कि हाँ, पहली दुनिया की ये दिक़्क़तें उतनी ही हमारी भी हैं,
कि हम भी आटा-दाल-जाति-धर्म से ऊपर हैं कुछ
किसी बेहतर दुनिया का हिस्सा हम भी हैं!

नई खेती

जब मोम दिलों में ख़ंजर उतारे जा रहे थे,
जिन आँखों में आग उतरनी थी
वहाँ बर्फ़ जम गई।
हाथ, जिन्हें हस्तक्षेप करना था,
जड़ हो गए,
जहाँ अडिग तनों को ढूँढ़ा,
ठूँठ खड़े मिले।
कोई बता सकता है
इन्हें जलाकर खेती की नई ज़मीन
क्यों न तैयार की जाए?

अन्यमनस्क

नदी के कटान ने
मिट्टी में रहते हुए
घमंड से बचाए रखा;
इरादा हल्का-हल्का
पकता रहा भट्ठे में।

आज है
ईंट-सीमेंट का आश्वासन,
दालान में प्लास्टिक की कुर्सी;
मन लेकिन
कुछ कच्चा-कच्चा लग रहा है।

पोस्टमार्टम

हम विचलित होते हैं
फ़ैसला सुनकर—
'किसी इनसान ने
नहीं मारा
किसी इनसान को।'

हमारी नाराज़गी है
उनके कहने से—
'इनसान मरा है
भूख,
ख़ंजर,
बमगोलों,
चोट,
लाठियों,
जैसे सामान से;
तो कैसे सज़ा दें
इनसान को?'

पर सच है,
कैसे मार सकता है
इनसान इनसान को
(सिर्फ़ इसलिए
क्योंकि वो मार सकता है)
और रह सकता है
फिर भी इनसान?

अत:
सिद्ध हुआ
इनसान कभी नहीं मारता
इनसान को,
इनसान मरता है
उस सब कुछ से
जो इनसान नहीं।

प्रकृति का सृजन

बरगद के पेड़ ने खूब लांछन सहे
कि वह नई पौध को उगने नहीं देता।
पर कभी चाय की झाड़ियाँ भी
जंगल निगल जाती हैं,
आदिकाल से वहाँ रह रहे वासियों के साथ।
चीड़ को नतमस्तक होना पड़ता है
बंजर मैदानों के आगे
जिनमें बोनसाई बंगलों की खेती होती है।
फिर उनमें रहनेवाले ख़्वाहिश करते हैं
कि खिड़की के साथ कुर्सी लगा जब वे चाय पी रहे हों
तो उनकी आँखों के सामने हरीतिमा बिछी रहे।
तब उनके लिए एक विस्तृत वाटिका
और एक लघु वन का निर्माण किया जाता है।

प्रत्यक्ष प्रमाण

आसमान को चीरती है हमारी आवाज़
जब हम बलात्कारियों के लिए फाँसी माँगते हैं
पर घर-पड़ोस के हर उस हाथ को
जिसने रात सोते वक़्त हमें छुआ,
जिसके दिन में सामने आने से
हम उसे बाँध नहीं पाते
उस रस्सी के एक छोर से
जो हम बनाते हैं औरों की फाँसी के लिए...
और हर रोज़ उसे सामने देख,
उसके सामने हाथ जोड़ मुस्कुराते हुए,
हमारे नारे, हमारी चीख़ का स्वर तीव्र होता जाता है,
फाँसी बँटती जाती है,
और वो हाथ हमारे साथ तालियाँ बजाते, नारे उछालते,
हमें टटोलते हुए वहीं रहते हैं।

सकारात्मक

अपने व्यक्तिगत शोक के उत्तरदायी आप स्वयं हैं।

लज्जाजनक कुछ नहीं—
इस दुर्बलता में भी
'स्वयं-सहायता' उद्यम के सक्षम निवेशक हैं आप।

कश्मीर से लेकर कुमारी कन्याओं तक की कहानियाँ
अगर निजी तौर पर आपकी छाती में बर्फ़ जमाने लगें
तो बदलाव की ज़रूरत व्यवस्था को नहीं,
आपके नज़रिए को है।

और यही है
आपकी हैसियत के भीतर।

विस्मरण

मंडी से आया आलू
घंटों पानी के कटोरे में पड़ा रहता है,
फिर रगड़ा जाता है
दृढ़ निश्चयी अँगूठों द्वारा।
मिट्टी के हर कण से उसे मुक्त कर,
छील-काट कर
रूप बदल दिया जाता है,
हल्दी उसे अपने रंग में सराबोर कर देती है।

थाली तक आते-आते
भूल चुका होता है वह भी
मिट्टी से सने उन हाथों को
जो धरती के भीतर जा
उसे दुनिया में लेकर आए थे।

और यह उसके हित में है,
क्योंकि नाज़ुक, सफ़ेद, काँच की प्लेटें
भरभराकर टूट जाएँगी
अगर उनके ज़ेहन पर आ पड़ा
ऊबड़-खाबड़ भूरी हथेलियों की
स्मृति का बोझ...

आलू फिर से हो जाएगा
धूल-धूसरित।

भला आदमी

मारे जाने पर
हर आदमी बन जाता है
भला आदमी।

कहीं किसी को भला नहीं लगता
तभी मारा जाता है
भला आदमी।

दान

एक अद्भुत चीज़ है
जिससे हम अच्छा
महसूस करते हैं
वह देकर
जिसकी औरों को ज़रूरत है
पर हमें नहीं,
और कभी
उससे ज़्यादा भी,
क्योंकि उतने से भी हमें
नहीं पड़ेगा ज़्यादा
फ़र्क़
तब तक जब तक लोग
नहीं जानते अपना
हक़।

हिसाब बराबर

थके हुए माँ-बाप
ख़ून का घूँट पीकर
रह जाते हैं, अपनी
सुंदर दीवारों पर
पेंसिल की बिल्ली देख।

सालों इंतज़ार करते हैं
वे अपने बदले का
और तब कहीं जाकर
कहते हैं, नहीं बनने देंगे
हम तुम्हें कलाकार।

पीठ पीछे

कैसा दिखेगा मुझे
मेरा गाँव
अगर मेरी वापसी की बाट जोहता
मेरा शहर ना हो?

तथ्य

लड़की भूख से मरी,
सरकारी तंत्र का क्या दोष?
वह तो जानता भी नहीं
भूख क्या होती है!

यू.आई.डी? नो, नॉट माय आई.डी

कभी कोई मेरा भी नंबर माँगे, कुछ ऐसे थे अरमान,
पर जो इस ख़्वाहिश के साथ आया, था मुल्क का हुक्मरान।
'जाने कितनों से तुमने यह पूछा होगा,
अब मुझसे भी करना चाहते तुम वही धोखा?'
मेरा दो टूक जवाब सुनकर लगा, वह चला जाएगा,
मुद्दतों तक मुझे अपना मुँह न दिखाएगा।
पर वह अपनी ज़िद पर अड़ा ही रहा,
दिल पर पत्थर रख मुझ मजबूर ने 'हाँ' कहा।
जिसे हाथ थामना था, ले गया उँगलियों के निशान,
मेरी आँखों में न देख, करवाई पुतलियों की पहचान।
दिल को बहलाया कि वह रखेगा मुझको सलामत,
वक़्त-बेवक़्त यही सब तो बनेंगे मेरी ज़मानत।
पर कल टूट गया मेरा यह आख़िरी वहम,
अपने यक़ीन पर हो आई मुझे ख़ुद ही शरम।
जब भरे बाज़ार में लगते देखी मैंने अपनी बोली,
एक-एक नम्बर बेच कोई भर रहा था अपनी झोली।

जिस पर भरोसा बना था उसे चुनने का आधार,
उसने बनाया अपनी जनता को अपना ही शिकार।
उसके वादों को सुनते रहे, ख़ूब बदले कैलेंडर,
सब ले वह चलता बना, रह गए हम बस एक नम्बर।

उत्तर

आख़िर इन लड़कियों को
चाहिए क्या?

यही कि उन्हें कोई ना बताए,
कि उन्हें चाहिए क्या।

आत्मीय

वह तो शुक्र है, आज आपने ख़ुलासा कर दिया
कि आप मेरे आत्मीय हैं
और व्यर्थ की औपचारिकता छोड़
मुझ पर अपने अधिकार ले लिये।

वरना कमबख़्त मेरी आत्मा तो बड़ी घुन्नी निकली,
आज तक मुँह में दही जमाए बैठी थी; बताइए ज़रा!

अकस्मात

नहाते हुए कभी अचानक
नई चोटें दिख जाती हैं
जिनका कारण और समय—
कुछ मालूम नहीं होता
सो दर्द भी कम होता है।

बहाना

कितने ही घरों की रोटियाँ खाईं—
'अरे, खा लो दीदी; इससे कुछ नहीं होता।'
कितने ही घरों का नमक
चुकाने की जगह शर्म और क़र्ज़
बनाकर भीतर घुलने छोड़ा।
इस फ़र्ज़ को टालते जाने तक
कोशिश न करने की ज़िम्मेदारी
मेरे सर थी—
हारी हुई कोशिश की हताशा से
ढाल बन मुझे बचाती हुई।

बूझो तो जानें

बस्तर
बद से बदतर

आदिवासी = नक्सलवादी
गांधीवादी = नक्सलवादी
डॉक्टर = नक्सलवादी
वकील = नक्सलवादी
पत्रकार = नक्सलवादी
शोधकर्ता = नक्सलवादी
फ़िल्म निर्माता = नक्सलवादी

नक्सलों की इतनी आबादी!
या राज्य = अवसरवादी?

हड़ताल

जब दिन बहुत व्यस्त होने वाले होते हैं
उनके ठीक पहले
कुछ समय के लिए शिथिल पड़ जाती हूँ।
दूध-भात वाला मेरा विद्रोह
ज़िम्मेदारियों को आँख मारकर
झूठ-मूठ मुझे बहलाता है कि मेरा होना
अपने आप में सम्पूर्ण है
और अपनी स्थापना के लिए
छटाँक-भर ज़मीन के वास्ते
मुझे किसी को कुछ भी
सिद्ध करने की ज़रूरत नहीं।

कामयाबी

हम होंगे कामयाब
तब नहीं
जब गाड़ी घर ला सकें,
तब
जब उसके ऊपर सो रहे कुत्ते-सा
इत्मीनान पा सकें।

मक़ाम

अन्ततः मैंने वह मकान पा लिया
जिसकी हर खिड़की से पेड़ दिखता था
औरत होने के नाते मुझसे उम्मीद की गई
मैं उसे घर बनाऊँ

मैंने देखा अपने चारों ओर
बिना कुछ किए सब कुछ फल-फूल रहा है

उस दिन पहली दफ़ा मुझे ज़रूरत महसूस नहीं हुई
किसी को मेरी ज़रूरत पड़े
मैं बेढंगे तौर से सोफ़े पर पसर

किताब पढ़ने लगी।

नक़ली सिक्के

एक शब्दकोश ने 'क्वीयर' का मतलब समझाया,
उसे 'नक़ली सिक्के' के बराबर बतलाया।

पर मैंने सुना था होते वो हैं खोटे,
जो चेहरे पर ओढ़ते हों मुखौटे।

न कि वो जिन्होंने उन्हें उतार फेंका
न ख़ुद को, न ही और को दिया धोखा।

ओह, समझी!
तभी तो 'क्वीयर' माने अनोखा!